Happy Book

LE PETIT LIVRE DU
KAMA SUTRA

Édition originale

Textes : Sadie Cayman
Publiée en 2016 au Royaume-Uni sous le titre *The Little Book of Kama Sutra* par Summersdale Publishers Ltd, une marque de Hachette UK Company, Octopus Publishing Group Limited, Carmelite House, 50 Victoria Embankment, LONDON, EC4Y 0DZ, United Kingdom.

Édition française

Direction éditoriale : Catherine Saunier-Talec
Responsable éditorial : Stéphane Rosa
Direction artistique : Nicolas Beaujouan
Fabrication : Cécile Alexandre
Partenariats : Sophie Morier – smorier@hachette-livre.fr

Happy Book

LE PETIT LIVRE DU KAMA SUTRA

hachette
PRATIQUE

Avertissement

L'éditeur ne peut être tenu pour responsable en cas de blessure ou de casse qui surviendraient à la suite de l'utilisation des informations proposées dans ce livre. Assurez-vous toujours du consentement et du bien-être de votre partenaire lorsque vous testez de nouvelles positions et, surtout, faites-vous plaisir !

Sommaire

Introduction

Le *Kamasutra* est un recueil de textes indien ancien qui a été reproduit, détourné et réinventé un nombre incalculable de fois au fil du temps, et qui prodigue des conseils sur la manière d'avoir une vie satisfaisante et heureuse avec son partenaire. En Occident, on connaît surtout cet ouvrage séculaire pour sa description de différentes positions sexuelles, ayant pour but l'épanouissement charnel. Il nous est impossible de reprendre ici tous les enseignements qu'il propose, mais nous avons sélectionné certaines positions parmi les plus agréables : pour chacune, nous indiquons quand et comment la pratiquer et nous donnons son degré de difficulté. Nous avons utilisé les termes « actif » et « passif » dans tout le livre pour désigner celui qui « donne » et celui qui « reçoit » dans chacune des postures. Il ne s'agit pas forcément de la personne qui est pénétrée – si tant est que pénétration il y ait –, mais simplement celle qui imprime le mouvement. Pour la quasi-totalité des positions, la pénétration peut être remplacée par une simple pression ou un frottement entre les deux partenaires, pour une satisfaction tout aussi importante.

Nous espérons que vous trouverez dans ce livre toutes les informations dont vous avez besoin pour passer un moment agréable avec votre partenaire. Amusez-vous bien !

P.S. N'hésitez pas à tenter l'une de mes positions favorites, la brouette. Si, si !

L'ÉTREINTE SEXUELLE
N'A DE COMPARABLE QUE
LA MUSIQUE ET LA PRIÈRE.

JAMES HILTON

Chapitre 1

LES BAISERS

UN RAPPORT SEXUEL NE SE LIMITE PAS AU SEUL ACTE DE LA PÉNÉTRATION; LES PRÉLIMINAIRES SONT TOUT AUSSI IMPORTANTS ! L'UN DES MOYENS LES PLUS EFFICACES D'ÉVEILLER LA PASSION AVANT D'ENTRER DANS LE VIF DU SUJET CONSISTE À ÉCHANGER DES BAISERS SENSUELS AVEC SON PARTENAIRE. CE CHAPITRE PRÉSENTE UNE PETITE SÉLECTION DES TECHNIQUES PROPOSÉES PAR LE *KAMASUTRA* POUR SAVOURER L'ART DU BAISER.

Le BAISER PENCHÉ

PASSION :

ÉMOTION :

Pour ce baiser, les deux amants penchent la tête de côté et se rapprochent afin de s'embrasser. Dans ce cas, le partenaire passif incline généralement la tête en arrière tandis que le partenaire actif se penche sur lui, tous deux étant serrés l'un contre l'autre. Ce baiser classique, souvent représenté comme le summum du romantisme dans les films, est très populaire et peut mener à un grand moment de passion.

Le BAISER TOURNÉ

PASSION : ♥♥♥

ROMANTISME : ♥♥♥♥

Tout comme le baiser penché, celui-ci est un grand classique : le partenaire actif prend le menton de l'autre dans sa main et lui lève la tête pour l'embrasser par un baiser penché. Le partenaire actif prend la direction des opérations, ce qui donne une intensité dramatique au moment. L'autre partenaire s'était peut-être détourné par timidité ou par jeu et ce baiser est un moyen de dire : passons aux choses sérieuses.

Le BAISER QUI ÉVEILLE L'AMOUR

EFFORT :

SENSUALITÉ :

C'est le partenaire habituellement passif qui donne ce baiser. Lorsque votre partenaire dort et que vous ressentez l'envie d'un rapprochement, vous pouvez l'embrasser lentement et sensuellement pour le réveiller et l'inviter à faire l'amour. Ce baiser qui commence tout en douceur peut se transformer en un échange plus passionné lorsque votre partenaire s'éveillera au monde et à vous.

UN BAISER EST
UNE MERVEILLEUSE
ASTUCE INVENTÉE PAR
LA NATURE POUR FAIRE
CESSER LA CONVERSATION
LORSQUE LES MOTS
DEVIENNENT SUPERFLUS.

INGRID BERGMAN

Le BAISER QUI DÉTOURNE

COMPASSION :

NIVEAU DE STRESS :

Ce baiser est destiné à faire oublier ses problèmes à votre partenaire et à ramener son attention vers vous et votre relation. Quand l'un des deux amants est soucieux à propos du travail, distrait ou même en colère, un doux baiser qui devient peu à peu plus intense détournera son attention de ses pensées négatives et le ramènera tout à la joie du baiser.

Le BAISER DÉMONSTRATIF

SUGGESTIVITÉ : 

CONNEXION : 

Ce baiser, que l'on peut prodiguer en public comme en privé, est destiné à montrer votre désir à votre partenaire. D'ailleurs, il n'implique pas forcément la participation des deux amants. Ce geste est une façon visuelle de dire à quelqu'un «j'ai envie de toi», même dans une pièce noire de monde. L'un des partenaires peut, par exemple, embrasser les doigts de l'autre en le regardant dans les yeux. Lorsque les amants sont seuls et que l'un des deux embrasse l'autre sur la joue, on a un excellent exemple de baiser démonstratif.

Chapitre 2

LES PLAISIRS ORAUX

POUR BON NOMBRE D'ENTRE NOUS, LES RAPPORTS BUCCO-GÉNITAUX SONT INDISSOCIABLES D'UNE SEXUALITÉ ÉPANOUIE : ILS PEUVENT FAIRE PARTIE DES PRÉLIMINAIRES OU CONSTITUER LE PAROXYSME DE L'ACTE. LE *KAMASUTRA* ORIGINEL NE S'ÉTENDAIT GUÈRE SUR LE SEXE ORAL, QU'IL CONSIDÉRAIT COMME RÉSERVÉ AUX EUNUQUES OU AUX CONCUBINES, MAIS LE MONDE A CHANGÉ ET LES VARIANTES MODERNES DU *KAMASUTRA* REDONNENT UNE PLACE PRÉPONDÉRANTE AU PLAISIR QUE LE SEXE ORAL PEUT APPORTER. DANS CE CHAPITRE, VOUS TROUVEREZ LA DESCRIPTION DE PLUSIEURS DES PRATIQUES SEXUELLES BUCCO-GÉNITALES QUI PROCURENT LE PLUS DE SATISFACTION.

CE N'EST PAS DANS
LA JOUISSANCE QUE
CONSISTE LE BONHEUR,
C'EST DANS LE DÉSIR,
C'EST À BRISER
LES FREINS QU'ON OPPOSE
À CE DÉSIR.

MARQUIS DE SADE

LA FELLATION

ÉROTISME :

INTIMITÉ :

Il peut arriver que l'on ait simplement envie de donner du plaisir à son partenaire, et d'éprouver la satisfaction de lui en procurer. La fellation, pratiquée sur un homme, s'y prête parfaitement. Selon les préceptes du *Kamasutra*, une fellation se déroule en plusieurs étapes progressives : commencez par un frôlement léger des lèvres, qui se transformera peu à peu en baiser. Poursuivez par des caresses et des pressions de votre corps contre les parties intimes de votre partenaire avant de prendre son sexe dans votre bouche. Préférez une approche délicate, qui pourra laisser place à un mouvement plus passionné si vous et votre amant en avez envie.

Ne mettez pas son pénis entre vos lèvres tout de suite. Alternez les longs coups de langue le long de son sexe et les passages plus brefs autour du gland avant d'envelopper son membre de la chaleur humide de votre bouche. Focalisez-vous sur l'ouverture de l'urètre, glissez votre langue à la naissance du gland et n'oubliez pas les testicules. Léchez votre partenaire ou sucez-le doucement et voyez à laquelle des techniques il réagit le mieux.

LE CUNNILINGUS

ÉROTISME : 5/5

INTIMITÉ : 5/5

De même que pour la fellation, si vous avez simplement envie de donner du plaisir à votre partenaire, et d'éprouver la satisfaction de lui en procurer, le cunnilingus, pratiqué sur une femme, est tout à fait adapté. Selon le *Kamasutra*, l'amant est déjà censé savoir comment embrasser le *yoni* (vagin), puisque la technique serait identique à celle du baiser. C'est un bon point de départ, mais cela ne suffit assurément pas ! Comme pour la fellation, on commence doucement, par des baisers et des caresses. Utilisez votre bouche pour explorer la globalité de la zone intime, pas uniquement le clitoris. Certaines femmes apprécient d'être pénétrées avec la langue également. Essayez différents degrés de pression avec la langue et les lèvres afin de déterminer ce qui fait le mieux chavirer votre partenaire.

LE « 69 » CLASSIQUE

PLAISIR PARTAGÉ :

RISQUE DE COUP DE GENOU ACCIDENTEL :

Une fois que vous maîtrisez les bases des plaisirs oraux prodigués séparément, la progression naturelle consiste à pratiquer le sexe oral simultanément. La manière la plus courante de s'y adonner est de réaliser un « 69 » classique. Cette posture doit son nom à la forme que prennent les deux amants lorsqu'ils sont dans cette position. Dans le *Kamasutra*, le 69 s'appelle « le congrès du corbeau ».

Pour l'effectuer, l'un des partenaires est allongé sur le dos et l'autre est sur lui, « tête-bêche », de façon que la tête du partenaire situé dessous soit alignée avec le sexe de l'autre, et vice-versa. Ensuite, il suffit de mettre en pratique les compétences acquises dans l'exercice de la fellation et du cunnilingus. Nombreux sont ceux qui considèrent le 69 comme un excellent moyen d'entrer en symbiose totale avec son partenaire, d'autant que cette position peut mener à un orgasme simultané.

LE « 69 » LATÉRAL

FATIGUE :

CONFORT :

À l'image du 69 classique, cette variante est assez simple. La différence réside dans le placement des amants : au lieu d'être l'un sur l'autre, chaque partenaire peut s'allonger sur le côté dans une position confortable, le visage niché entre les cuisses de son partenaire. C'est une posture idéale pour s'adonner à un rapport lascif qui conduit à un plaisir maximum pour un minimum de fatigue.

LA LEVRETTE

STIMULATION :

ROMANTISME :

Bien que cette position soit habituellement plus usitée pour la pénétration, la levrette peut très bien se prêter au sexe oral. L'un des deux partenaires se met à quatre pattes et l'autre s'accroupit derrière lui pour lui donner du plaisir avec sa bouche (vaginalement ou analement pour une femme, analement pour un homme).
Si vous n'appréciez pas particulièrement cette version, le partenaire actif peut placer sa tête sous les parties intimes de son partenaire afin de lui procurer du plaisir par en dessous.

L'EXTASE ASSISE

DIFFICULTÉ :

PLAISIR :

Une position propice à l'indolence pour celui qui reçoit la caresse buccale : le partenaire passif s'assied confortablement sur une chaise ou sur le canapé, tandis que le partenaire actif s'agenouille devant lui pour lui prodiguer du plaisir avec sa bouche. Le partenaire passif peut utiliser sa main pour guider l'autre, lui parler et lui dire ce dont il a envie. Il peut sinon se contenter de se détendre et d'apprécier la gâterie.

L'ACCROUPI

CÔTÉ LUDIQUE :

RAVISSEMENT :

Dans cette position, celui qui reçoit le plaisir est actif. Celui qui prodigue la caresse buccale est allongé sur le lit (ou le sol, ou le canapé, etc.), la tête posée sur des oreillers. Le partenaire actif s'accroupit au-dessus du visage de l'autre et s'abaisse doucement jusqu'à ce que le partenaire passif puisse atteindre son sexe avec la bouche. L'amant passif peut tenir son partenaire par les hanches ou les fesses, pendant que celui-ci appuie les mains contre le mur ou le cadre du lit, s'il le souhaite.

Cette position est idéale pour attiser le désir, surtout si le partenaire passif apprécie réellement le rôle qu'il endosse. Le destinataire de la caresse peut quant à lui se surélever pour se placer hors de portée et éveiller ainsi encore plus l'envie de jouer et de donner du plaisir.

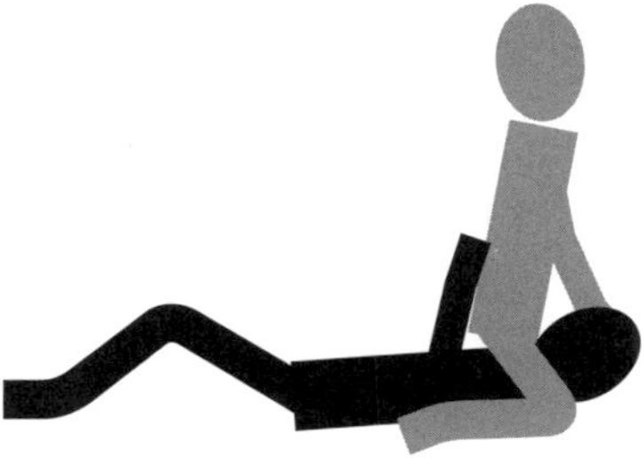

JE PARLE DE SEXUALITÉ, CAR IL ME SEMBLE SOUVENT QUE C'EST LA CHOSE LA PLUS IMPORTANTE AU MONDE.

JEANNETTE WINTERSON

Chapitre 3

LES POSITIONS ALLONGÉES

DANS CETTE SECTION, NOUS ABORDERONS CERTAINES DES POSITIONS LES PLUS EXCITANTES QUE LE *KAMASUTRA* RECOMMANDE POUR LES COUPLES ALLONGÉS, AINSI QUE DES VARIANTES MODERNES DES ENSEIGNEMENTS ANTIQUES. TOUTES CES POSTURES SONT RELATIVEMENT SIMPLES, MAIS ELLES PROCURENT UN PLAISIR ET UNE INTIMITÉ INTENSES.

LA POSTURE DE L'INDRA

SOUPLESSE :

PLAISIR :

Cette position permet une pénétration profonde, tout en étant très confortable et facile à réaliser. Elle est idéale lorsqu'on a envie d'un rapport lent et voluptueux.

Pour commencer, le partenaire passif s'allonge sur le dos, la tête posée sur un oreiller. Le partenaire actif s'agenouille ensuite face à l'autre, suffisamment près pour que celui-ci puisse poser ses pieds sur son torse. Le partenaire passif peut faire reposer ses hanches et ses fesses sur les genoux de son amant, ou si la position est inconfortable, simplement placer le bas de son dos sur des coussins.

Le partenaire actif peut alors le pénétrer lentement, avant de s'aventurer plus profondément et plus ardemment. Si le partenaire passif est d'humeur joueuse, il peut accentuer le plaisir de l'un ou de l'autre avec les mains.

LA SEXUALITÉ REPOSE
À LA SOURCE DE LA VIE,
ET IL EST IMPOSSIBLE
DE RENDRE GRÂCE À LA VIE
TANT QUE L'ON N'A PAS
COMPRIS CE QUI EST À L'ŒUVRE
DANS LA SEXUALITÉ.

HAVELOCK ELLIS

Le TRIANGLE LUMINEUX

FATIGUE :

PROXIMITÉ :

Cette posture est une variante du missionnaire, la position ultra-classique où le partenaire passif est couché sur le dos et où le partenaire actif s'allonge sur lui et fait « tout le travail ». Dans cette version, toutefois, les choses sont légèrement différentes. Le partenaire couché sur le dos est ici le plus actif des deux.

Le partenaire actif s'allonge sur le dos, replie les jambes et soulève le bassin. Il peut placer des coussins sous ses hanches pour plus de confort. Le partenaire passif se met à quatre pattes, puis entre en l'autre qui, se tenant aux épaules ou au dos de son amant, donne le rythme et choisit la profondeur et l'intensité de la pénétration en bougeant le bassin en un mouvement de va-et-vient (et en faisant « tout le travail » !).

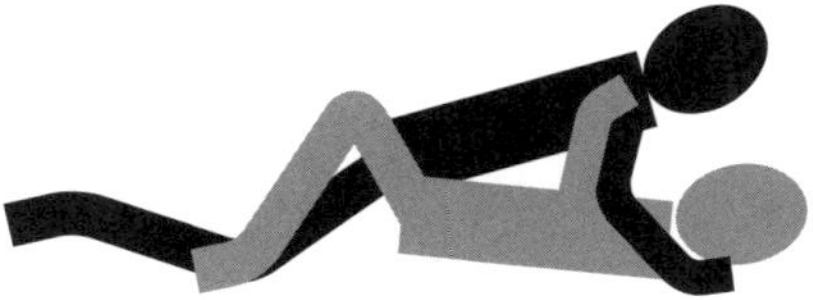

Le NIRVANA

SENSUALITÉ : 4/5

STIMULATION : 5/5

Cette position est idéale lorsque le partenaire passif est une femme, car elle permet une stimulation clitoridienne accrue, menant souvent à un orgasme plus rapide et plus intense.

Le partenaire passif est allongé sur le dos, les bras tendus derrière la tête et les mains agrippées aux barreaux ou à la tête du lit. Il garde les jambes serrées. Le partenaire actif s'allonge sur le partenaire passif, jambes écartées, et le pénètre. Le fait que le partenaire passif conserve les cuisses collées maximise les sensations induites par la pénétration ; cela permet par ailleurs de stimuler davantage le clitoris lorsqu'il s'agit d'une femme.

La PIEUVRE

SOUPLESSE : 4/5

SATISFACTION : 4/5

Ne vous fiez pas à l'image tentaculaire de la pieuvre ! Cette position est facile à réaliser et se prête particulièrement bien à des jeux sexuels lents et lascifs.

Pour cette posture, le partenaire passif est allongé sur le dos, avec une jambe légèrement repliée. Le partenaire actif se place à cheval sur cette jambe, puis le partenaire passif lève l'autre jambe et vient la déposer contre l'épaule de son amant, de façon que ses jambes forment une équerre. Cette position appelle un rythme languide et le partenaire passif a toute jouissance de ses mains pour caresser son amant et lui prodiguer encore plus de plaisir.

Les PETITES CUILLÈRES

SOUPLESSE :

CONFORT :

Ou comment un câlin innocent peut se transformer en moment autrement plus érotique !

Le partenaire qui va être pénétré se place en position fœtale, et celui qui va être actif se love derrière lui, comme deux cuillères qui s'emboîteraient l'une dans l'autre. Avec cet angle d'approche, la pénétration se fait tendrement et sans effort : parfait pour un dimanche matin lascif. Le partenaire actif peut par ailleurs passer sa main entre ou par-dessus les cuisses de l'objet de son attention pour le stimuler davantage.

Cette position est souvent plébiscitée par les femmes enceintes, car elle se pratique en douceur et n'appuie pas sur le ventre.

La RENVERSE

ÉROTISME : ♥♥♥♥

STIMULATION : ♥♥♥♥♥

Dans cette position relativement simple, c'est le partenaire pénétré qui est le plus actif.

Le partenaire passif est allongé sur le dos, les jambes serrées. Le partenaire passif le chevauche, se place de façon à permettre la pénétration, puis se penche en arrière, en s'appuyant sur les mains. Une fois en position, le partenaire actif se livre à un mouvement de va-et-vient pour imprimer son rythme, tandis que le partenaire passif est libre de caresser sa peau ou d'intensifier le plaisir de l'un ou de l'autre avec les mains.

Chapitre 4

LES POSITIONS ASSISES

LES POSITIONS ASSISES REPRÉSENTENT
UNE ÉVOLUTION NATURELLE APRÈS LES POSTURES
ALLONGÉES. ELLES ONT L'AVANTAGE D'ACCENTUER
LE CONTACT AVEC SON PARTENAIRE,
DE PERMETTRE UNE PÉNÉTRATION PLUS
PROFONDE ET DE DONNER À VIVRE
DE NOUVELLES EXPÉRIENCES.

La CHEVAUCHÉE FANTASTIQUE

INTIMITÉ : 5/5

SOUPLESSE : 3/5

Dans cette position, le partenaire pénétré est celui qui est actif.

Le partenaire passif s'assied en tailleur, en plaçant éventuellement des coussins sous ses jambes ou derrière son dos. Il peut également s'appuyer sur les mains pour ne pas basculer en arrière. Le partenaire actif s'accroupit sur les genoux de son amant et s'abaisse jusqu'à ce que la pénétration soit possible.

Il peut se tenir à son partenaire et adopter un mouvement de va-et-vient horizontaux ou verticaux et maîtriser la profondeur et la vitesse de la pénétration.

Cette position est propice à la romance et à la tendresse, les deux amants pouvant se regarder dans les yeux durant tout l'acte.

L'ENTREMÊLÉ

SOUPLESSE : 3/5

STIMULATION : 4/5

Dans cette posture, les deux amants sont assis : ils se placent face à face, se penchent en arrière, puis rapprochent leurs corps jusqu'à ce que la pénétration soit possible. Chaque partenaire entoure ensuite l'autre de ses jambes, dans un entrelacs sensuel, puis s'incline vers l'arrière afin de pouvoir se mettre en appui sur les mains ou sur les avant-bras contre le lit ou le sol. Les amants peuvent commencer par un frottement doux, qui se transformera peu à peu en mouvement passionné jusqu'à l'orgasme.

La BALANÇOIRE

DIFFICULTÉ :

AGILITÉ :

Le partenaire actif est allongé sur le dos au bord du lit, avec les pieds au sol. Le partenaire passif s'accroupit ensuite sur le partenaire actif, en lui tournant le dos, puis s'abaisse pour permettre la pénétration. Chacun peut ici prendre le contrôle, au gré des envies, les mouvements de l'un comme de l'autre pouvant mener à l'orgasme.

S'il souhaite prendre l'ascendant et diriger le mouvement, le partenaire actif peut agripper les hanches de l'autre. Dans cette posture, le partenaire passif a les mains libres et peut donc caresser son partenaire, ou lui-même, pour accentuer le plaisir.

La GRENOUILLE

SENSUALITÉ :

ÉQUILIBRE :

Cette position est assez proche de celle de la balançoire, puisque le partenaire passif est là aussi accroupi sur le partenaire passif et lui tourne le dos. Cependant, dans cette posture-ci, les deux partenaires sont assis, alors que dans la précédente, le partenaire actif est allongé. Cela accentue la sensation de proximité et de complicité : le partenaire passif se sent soutenu et en sécurité.

Le partenaire actif s'assied au bord du lit, en se reculant suffisamment pour que l'autre puisse s'accroupir sur lui.

Le partenaire passif s'abaisse ensuite, dos à son amant, en appuyant sur les mains pour garder l'équilibre, dans une position de « grenouille ». Une fois installé dans cette posture, le partenaire passif peut initier des mouvements de haut en bas, à moins que le partenaire actif ne donne des coups de reins pour contrôler le rythme.

L'UNION DE L'ÉLÉPHANTE

ENDURANCE : 3/5

FUSION : 5/5

Cette position est idéale pour les amoureux, car les deux amants se font face et peuvent se regarder droit dans les yeux durant l'acte. De plus, la posture implique un contact presque complet des deux corps, ce qui ajoute encore au sentiment d'intimité et de romance, tout en accentuant les sensations lorsque les différentes parties du corps se frôlent ou se pressent l'une contre l'autre.

Pour adopter cette position, le partenaire actif serre les jambes tandis que le partenaire passif écarte les siennes, afin de permettre la pénétration.

Le partenaire passif peut alors entourer le cou du partenaire actif de ses bras, et rapprocher ses lèvres pour embrasser son amant, tandis que celui-ci imprime un rythme langoureux et délicat.

SA PRÉSENCE TOUT
CONTRE MOI DANS UN LIT,
SON SOUFFLE SUR MOI…
CELA TIENT, À MON SENS,
DU MIRACLE.

HENRY MILLER

Chapitre 5

LES POSITIONS DEBOUT

LES POSTURES SUIVANTES ONT QUELQUE CHOSE DE PLUS AVENTUREUX, NOTAMMENT PARCE QU'ELLES DEMANDENT UNE CERTAINE DOSE D'ÉNERGIE, MAIS AUSSI PARCE QU'ELLES PEUVENT ÊTRE PRATIQUÉES HORS DE LA CHAMBRE À COUCHER. LES POSITIONS DEBOUT QUE VOUS ALLEZ DÉCOUVRIR SONT INSPIRÉES DU *KAMASUTRA* ET, SI CERTAINES D'ENTRE ELLES PEUVENT ÊTRE FACILITÉES PAR LE RECOURS À UN SUPPORT (UN MUR, UN MEUBLE...), ELLES NÉCESSITENT TOUTEFOIS DE LA FORCE ET DE L'ENDURANCE !

NOUS FÎMES L'AMOUR COMME LE SOLEIL BAT, COMME LES CERCUEILS FERMENT, COMME LE SILENCE APPELLE, COMME LA NUIT BRILLE.

ANDRÉ BRETON

Le CADENAS

CONFORT : 2/5

CÔTÉ TORRIDE : 5/5

Dans cette position, le partenaire actif est debout tandis que le partenaire passif est assis sur un meuble, tel que le plan de travail de la cuisine ou une table, et s'appuie sur ses mains. Le partenaire actif se place face au partenaire passif, qui l'entoure de ses jambes en se rapprochant au maximum afin de permettre une pénétration profonde. Le partenaire actif peut se tenir au meuble pour garder l'équilibre, ou agripper les hanches de son partenaire pour contrôler la vitesse et la profondeur de la pénétration.

L'UNION SUSPENDUE

FACILITÉ :

ASPECT SPORTIF :

Considérée comme une position debout « classique », celle-ci nécessite cependant une force physique certaine et une capacité d'endurance non négligeable.

Le partenaire actif se tient debout avec les genoux légèrement pliés, afin d'être parfaitement stable sur ses appuis. Il soulève le partenaire passif et le ramène contre lui. Le partenaire passif enveloppe les hanches de son amant de ses jambes afin de permettre la pénétration, puis entoure ses bras autour de son cou pour garder l'équilibre.

Le partenaire passif peut éventuellement poser les pieds sur le bord du lit ou le dos du canapé pour supporter une partie de son poids. Celui-ci l'entraînant vers le bas, cela permet une pénétration très profonde et offre, en prime, une sacrée séance de sport!

La BROUETTE

SOUPLESSE :

BESTIALITÉ :

Dans cette position, l'un des deux amants seulement est debout et celui-ci doit faire preuve d'une bonne forme physique.

Pour effectuer cette position, le partenaire passif s'allonge au bord du lit, avec les jambes qui dépassent dans le vide. Le partenaire actif soulève les jambes de son partenaire et soutient celui-ci par les hanches tout en s'avançant pour le pénétrer.

Le partenaire passif se tient en appui sur les coudes tandis que son amant maintient son bassin surélevé et contrôle les choses depuis l'arrière : c'est le partenaire actif qui contrôle entièrement la position dans ce cas.

La LIANE

FORCE : 3/5

SOUPLESSE : 5/5

Cette position est « un peu » plus acrobatique que le cadenas ou l'union suspendue, et elle exige plus de force, de souplesse et d'équilibre, mais elle procure des sensations très agréables, surtout si l'on apprécie les pénétrations profondes.

Pour cette posture, il faut se placer debout, face à face. Le partenaire passif lève une jambe et pose un pied sur le bord du lit, ou sur un meuble, puis le partenaire actif se penche pour soulever cette même jambe et la placer par-dessus son épaule.

Le partenaire passif enserre le cou de son amant avec les bras, puis le laisse se rapprocher pour la pénétration. Le partenaire actif agrippe les hanches de l'autre pour l'aider à garder l'équilibre et pour contrôler les va-et-vient.

Le PALANQUIN

AGILITÉ : 4/5

INTIMITÉ : 3/5

Cette position est un peu plus complexe à mettre en œuvre que les postures debout plus conventionnelles, et elle demande une grande force dans les jambes et un bon sens de l'équilibre de la part du partenaire passif. Vous aurez également besoin d'une chaise ou d'un tabouret solide.

Le partenaire passif monte sur la chaise, puis s'abaisse comme pour s'asseoir, en plaçant les coudes sur les genoux.

Le partenaire actif peut alors le pénétrer par-derrière, en le tenant par la taille ou par les hanches pour offrir davantage de stabilité et mieux contrôler le mouvement.

Chapitre 6

LES POSITIONS AUDACIEUSES

SI VOUS PENSEZ AVOIR DÉJÀ TOUT VU, TOUT FAIT, TOUT TESTÉ, VOICI QUELQUES SUGGESTIONS DE POSITIONS SPECTACULAIRES QUI RISQUENT DE VOUS LAISSER PANTOIS. ORGANISMES SENSIBLES, S'ABSTENIR, LES POSTURES PRÉSENTÉES ICI RÉCLAMENT DE LA FORCE, DE L'ENDURANCE ET, SOUVENT, UNE BONNE DOSE D'ÉQUILIBRE !

Le
V SEXY

GAINAGE :

SATISFACTION :

Voici une posture difficile, où l'un des amants est debout, l'autre assis, et qui demande de l'équilibre. Le partenaire passif s'assied au bord d'une table ou d'un autre meuble solide. Le partenaire actif se positionne face à lui et le laisse placer ses jambes de part et d'autre de sa tête, sur ses épaules. Le partenaire passif peut passer ses bras autour du cou de son amant pour avoir un meilleur appui. Une fois dans cette position, le partenaire actif entre dans l'autre ; la pénétration peut ainsi être très profonde.

Le SINGE

LASCIVITÉ : 5/5

DIFFICULTÉ : 4/5

Cette position requiert de l'endurance, de la souplesse et de l'équilibre. Bien qu'exigeante, elle procure un plaisir intense, car elle permet une pénétration profonde et contrôlée.

Le partenaire passif s'allonge sur le dos et ramène ses genoux sur son torse. Il vaut mieux réaliser cette position au sol plutôt que sur un lit, pour plus de stabilité. Le partenaire actif vient alors s'asseoir sur son amant, en lui tournant le dos, de façon à permettre la pénétration et il appuie son dos contre les pieds du partenaire passif. Il contrôle la pénétration par des mouvements de va-et-vient verticaux. S'il le souhaite, il peut se pencher en arrière et se tenir aux poignets du partenaire passif, afin de garder l'équilibre.

Le PETIT PONT

SENSUALITÉ :

EFFORT :

Attention, cette position est réservée aux amants forts et souples ! Le partenaire actif se met sur le dos, plie les genoux et ramène les pieds vers les hanches. Il plie les coudes, place les mains de chaque côté de la tête, puis soulève le bassin et tend les bras et les jambes afin de « faire le pont ». Le partenaire passif peut alors le chevaucher et se positionner pour la pénétration. Le partenaire pénétré devient alors actif et appuie sur ses jambes pour imprimer le mouvement et contrôler la pénétration.

Mieux vaut ne pas tenir cette position trop longtemps : l'afflux de sang dans le cerveau vous enverrait au tapis !

LE SEXE EST TOUJOURS
UNE AFFAIRE D'ÉMOTIONS :
IL N'Y A DE RAPPORT
ÉPANOUI QUE SI LES
ÉMOTIONS SONT LIBÉRÉES ;
LES ÉMOTIONS REFOULÉES
NE MÈNENT QU'À DES
RELATIONS INSIPIDES.

DEEPAK CHOPRA

L'ÉQUILIBRISTE

DIFFICULTÉ :

FORCE :

ÉQUILIBRE :

ÉROTISME :

SATISFACTION :

FUN :

Voici la position la plus périlleuse et la plus difficile que nous ayons intégrée dans ce livre ! Si vous êtes adeptes des sensations athlétiques, laissez-vous tenter !

Le partenaire passif pose une main au sol et place un pied sur le bord du lit. Il se soulève ensuite entièrement pour ne plus être en appui que sur le bras posé au sol et sur le pied placé sur le lit. Le partenaire actif le soutient au niveau de la taille.

Le partenaire actif se place ensuite à cheval sur la jambe inférieure du partenaire passif, en tenant l'autre jambe, et entame la pénétration.

La posture peut sembler complexe, mais si vous avez la force et l'endurance pour vous y adonner, la stimulation naturelle qu'elle procure, associée à l'afflux sanguin dans la tête du partenaire passif, peut mener à des orgasmes exceptionnels.

CE N'EST PAS LE SEXE QUI PROCURE DU PLAISIR, C'EST L'AMANT

MARGE PIERCY

Conclusion

Nous espérons que ce livre vous a plu et qu'il a stimulé votre imagination ! De quelque manière que vous l'utilisiez – comme mini-manuel ou simplement pour y trouver des idées – nous gageons qu'il améliorera votre vie sexuelle et qu'il vous rapprochera encore davantage de votre partenaire. Peut-être vous incitera-t-il à lire le *Kamasutra* originel et à découvrir les savoirs ancestraux qu'il prodigue depuis des siècles pour que votre relation soit la plus épanouie possible.

Check-list

- ☐ LE BAISER PENCHÉ
- ☐ LE BAISER TOURNÉ
- ☐ LE BAISER QUI ÉVEILLE L'AMOUR
- ☐ LE BAISER QUI DÉTOURNE
- ☐ LE BAISER DÉMONSTRATIF
- ☐ LA FELLATION 
- ☐ LE CUNNILINGUS 

- [ ] LE « 69 » CLASSIQUE 
- [ ] LE « 69 » LATÉRAL 
- [ ] LA LEVRETTE 
- [ ] L'EXTASE ASSISE 
- [ ] L'ACCROUPI 
- [ ] LA POSTURE DE L'INDRA 
- [ ] LE TRIANGLE LUMINEUX 
- [ ] LE NIRVANA 
- [ ] LA PIEUVRE 

☐ **LES PETITES CUILLÈRES** 

☐ **LA RENVERSE** 

☐ **LA CHEVAUCHÉE FANTASTIQUE** 

☐ **L'ENTREMÊLÉ** 

☐ **LA BALANÇOIRE** 

☐ **LA GRENOUILLE** 

☐ **L'UNION DE L'ÉLÉPHANTE** 

☐ **LE CADENAS** 

☐ **L'UNION SUSPENDUE** 

☐ LA BROUETTE

☐ LA LIANE

☐ LE PALANQUIN

☐ LE V SEXY

☐ LE SINGE

☐ LE PETIT PONT

☐ L'ÉQUILIBRISTE

CRÉDITS IMAGES

Imprimé en Espagne par Unigraf en avril 2022
Dépôt légal : octobre 2019
44-6998-9/04
ISBN : 978-2-01-709224-7